· ·

Duden

Dein Lesestart

DINOSAURIER

SILKE WOLFRUM

Dudenverlag
Berlin

WILLKOMMEN IN DER URZEIT!

Die Dinosaurier sind vor langer Zeit ausgestorben.

Wann genau lebten sie?

Waren sie alle riesig groß und gefährlich?

Hatten sie Fell oder Federn?

Und was haben sie am liebsten gefressen?

In diesem Buch erfährst du alles,

was du über die Urzeittiere wissen willst.

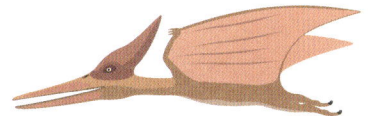

INHALT

Ab in die Urzeit	6
Giganten und Winzlinge	24
Die Spuren der Dinos	42
Die letzten Dinosaurier	54

DIE URZEIT

EIN RIESE IM MUSEUM

Das ist Oskar. Er steht im Museum für Naturkunde in Berlin. Er ist das größte echte Dino-Skelett der Welt. Er ist so lang wie ein Bus und fast genauso hoch. Oskar ist sein Spitzname. In der Fachsprache heißt er Giraffatitan. Er lebte vor 150 Millionen Jahren.

DAS SKELETT ist das Knochengerüst eines Lebewesens.

GIRAFFATITAN heißt Oskar erst seit 2009. Vorher hieß er Brachiosaurus. Das bedeutet Armechse. Seine Vorderbeine sind nämlich ungewöhnlich lang.

Wie sah die Welt wohl aus, als Oskar noch Blätter kaute? Warum sind nur seine Knochen übrig geblieben? Wieso ist er so groß geworden? Wie hat er seine Eier gelegt? Und warum gibt es ihn nicht mehr? Antworten auf diese Fragen findest du in diesem Buch.

Die meisten Dinosaurier-Skelette in Museen sind nicht aus echten Dinosaurier-Knochen, sondern Nachbildungen. Deshalb ist Oskar so besonders.

GIRAFFATITAN

NAME	= Riesengiraffe
WANN	im Jura
NAHRUNG	Pflanzen
GRÖSSE	15 Meter lang, 13 Meter hoch
GEWICHT	20–50 Tonnen

DIE KNOCHEN sind sehr hart. Sie bestehen hauptsächlich aus Kalk.

DIE NACHBILDUNG wird nach einem Vorbild oder einem Original gemacht, zum Beispiel aus Gips.

EIN LANGES LEBEN

Dinosaurier lebten viel länger auf der Erde, als wir Menschen das tun: 170 Millionen Jahre! Es haben sich ständig neue Arten entwickelt. Heute kennen wir Hunderte Dino-Arten. Jedes Jahr werden weitere entdeckt. Lange Zeit waren die Dinos die Herrscher der Erde. Sie überlebten Klimaschwankungen, und es gab sie fast überall.

DIE ART ist eine Gruppe von Lebewesen, die sich von anderen unterscheidet.

DIE KLIMASCHWANKUNG
Das Wetter verändert sich über einen langen Zeitraum. Manche Tiere finden dann nichts mehr zu fressen und sterben aus. Den Dinos hat das aber lange nichts ausgemacht.

LEBEN AUF DER ERDE

Dinosaurier waren nicht die ersten Lebewesen. Das waren **Bakterien**. Es gab 3 **Milliarden** Jahre lang nur sie! Das Leben auf der Erde begann im Wasser. Die ersten Landtiere gab es vor 360 Millionen Jahren. Dann dauerte es noch viele Millionen Jahre, bis die ersten Dinos über die Erde stapften.

DIE BAKTERIEN sind winzig kleine Lebewesen. Sie können sehr nützlich sein. Für uns sind sie unsichtbar.

EINE MILLIARDE ist eine Zahl mit 9 Nullen: 1 000 000 000.
1 Million hat 6 Nullen.

DIE ERSTEN TIERE

Die ersten Tiere waren Wirbellose. Sie lebten erst im Wasser, dann auch auf dem Land. Die meisten Tiere auf der Welt sind Wirbellose, zum Beispiel Insekten, Würmer oder Quallen. Ein wirbelloses Tier aus der Urzeit war Opabinia. Es war klein wie eine Maus und hatte fünf Augen. Es wühlte mit seinem Rüssel nach Nahrung auf dem Boden vom Meer.

WIRBELLOSE sind Tiere ohne Wirbelsäule oder Skelett aus Knochen.

DIE URZEIT ist die Welt vor Millionen von Jahren.

Meganeura
(= Riesenlibelle)

Arthropleura (= Riesentausendfüßer)

ZWEI RIESEN OHNE WIRBEL

In der Urzeit gab es Tausendfüßer, die so groß waren wie ein Krokodil. Sie hatten aber „nur" sechzig Beine und lebten am Waldboden.
Das vielleicht größte Insekt auf der Erde war eine Libelle. Ihre Flügel hatten eine Spannweite von 70 Zentimetern. Im Flug packte sie andere Insekten und verschlang sie.

TAUSENDFÜßER heißen so, weil sie viele Beine haben. Aber es sind nie tausend.

DIE INSEKTEN haben sechs Beine, und ihr Körper ist in drei Teile gegliedert.

WIRBELTIER OSKAR

Nach den Wirbellosen kamen die Wirbeltiere. Das sind Tiere mit einer Wirbelsäule. Ihr Gehirn ist im Verhältnis größer als bei Wirbellosen. Man kann sie in fünf Gruppen einteilen: Säugetiere, Vögel, **Reptilien**, **Amphibien** und Fische. Auch Oskar ist ein Wirbeltier. Dinosaurier zählen zu den Reptilien. Genauso wie Krokodile, Echsen, Schlangen und Schildkröten.

Säugetiere

Fische

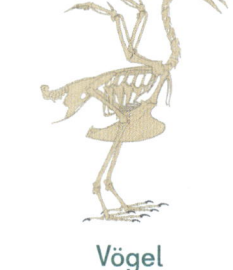
Vögel

Amphibien

Reptilien

DIE REPTILIEN haben eine dicke Haut, oft vier Beine und einen Schwanz. Sie leben meist an Land.

Frösche, Kröten und Lurche sind **AMPHIBIEN**. Sie haben eine feuchte Haut und leben im Wasser und an Land.

DAS ERDMITTELALTER

Die Dinosaurier lebten im Mesozoikum. Das ist die Zeit vor 252 Millionen Jahren bis 66 Millionen Jahren. Man unterteilt es in drei Abschnitte: Trias, Jura und Kreide.

MESOZOIKUM ist griechisch und bedeutet Erdmittelalter. Viele Fossilien aus dieser Zeit sind aus Kreide.

Pangäa

DIE TRIAS: DIE ERSTEN DINOS

Die ersten Dinosaurier gab es im Zeitalter der Trias. Das war vor 252 Millionen Jahren. Damals sah die Erde ganz anders aus als heute. Sie bestand aus einer einzigen riesigen Landmasse. Die Landmasse war von einem Ozean umgeben. Es war sehr heiß und trocken. An den Küsten wuchsen Pflanzen, zum Beispiel Farne.

Die riesige Landmasse der TRIAS nennt man Pangäa.

DIE LANDMASSE nennt man auch Festland. Sie wird bei Flut nicht von Wasser überspült. Sie liegt also über dem Meeresspiegel.

DIE FARNE sind viel älter als Dinos. Die ersten Farne gab es vor 400 Millionen Jahren.

Die ersten Dinosaurier der Trias waren klein und wurden dann immer größer. Die meisten fraßen Pflanzen. Es gab aber auch schon Fleischfresser. Damals lebten die ersten Säugetiere. Flugsaurier glitten durch die Luft, und im Wasser schwammen Meeressaurier.

Der Pisanosaurus war nur einen Meter lang. Der Plateosaurus war schon viel größer: acht Meter lang. Er ist ein Vorfahre von Oskar.

DIE SÄUGETIERE heißen so, weil sie ihre Jungen „säugen", also mit Milch ernähren. Hunde, Katzen, Kühe und auch der Mensch sind Säugetiere.

Obwohl man **DIE MEERESSAURIER** auch Saurier nennt, sind sie mit den Dinosauriern nicht eng verwandt.

Laurasia und Gondwana

DIE BESTE ZEIT FÜR DINOS

Die Trias endete vor 200 Millionen Jahren. Die riesige Landmasse zerbrach in zwei Teile. Damit begann der Jura. Jetzt beherrschten viele sehr große Dino-Arten die Welt. Überall entstanden riesige Wälder. Es gab genug zu fressen, und die Temperaturen waren angenehm. Das war perfekt für die Dinosaurier.

DER JURA war die Zeit vor 200 bis 145 Millionen Jahren. Die beiden Landmassen des Jura nennt man Laurasia und Gondwana.

RIESEN DES JURA

Auch Oskar lebte im Jura. Er gehört zu den Sauropoden. Sie hatten einen langen Hals. Damit kamen die Sauropoden an die Spitzen der Baumkronen. Da sie so groß waren, mussten sie dauernd fressen. Mit dem langen Schwanz verteidigten sie sich gegen Angreifer. Das waren fleischfressende Theropoden.

Stegosaurus mit Knochenplatten

Ein riesiger Sauropode: Diplodocus

Der fleischfressende Allosaurus: ein Feind der Sauropoden

SAUROPODEN sind riesige, pflanzenfressende Dinosaurier. Sie sind die größten und schwersten Tiere, die es jemals auf dem Festland gab.

THEROPODEN sind eine Gruppe von Dinosauriern. Sie laufen auf zwei Beinen und fressen Fleisch.

Tyrannosaurus rex, König der Tyrannenechsen. Er gehörte zu den fleischfressenden Theropoden.

AUFTRITT VON TYRANNOSAURUS REX

Nach dem Jura kam die Kreide. Die beiden Landmassen brachen weiter auseinander. Die Erde sah fast so aus wie heute. Große Flächen waren mit Wasser bedeckt. Das Klima war ziemlich mild. Wieder entwickelten sich viele neue Tiere und Pflanzen. Der berühmteste Dino der Kreidezeit ist der gefährliche T. rex.

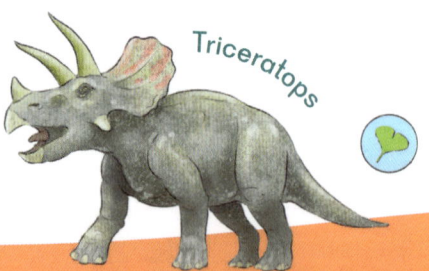

Die Zeit der KREIDE begann vor 145 Millionen Jahren und endete vor 66 Millionen Jahren.

Ein berühmter T. REX steht im gleichen Museum wie Oskar. Er heißt Tristan Otto.

WANN HAT WELCHER DINOSAURIER GELEBT?

Super gelesen → AUF ZUM RÄTSELSPASS!

1. Was waren die ersten Lebewesen auf der Welt?

Sortiere die Buchstaben in der richtigen Reihenfolge.

B I N T E K E A R N

Lösung: BAKTERIEN

2. Zu welcher Gruppe gehören diese Wirbeltiere?

Verbinde.

Vogel · Reptil · Säugetier · Amphibie

3. Die Erdzeitalter sind durcheinandergeraten.

Beschrifte sie. Nummeriere sie in der richtigen Reihenfolge.

2 — JURS
3 — KREIDE
1 — TRIAS

4. Wie heißt der riesige pflanzenfressende Dinosaurier?

Löse das Bilderrätsel.

SAU — RO — PO

Lösung: S A U R O P O D E

GIGANTEN

UND WINZLINGE

GANZ VERSCHIEDEN ...

Wir stellen uns Dinosaurier immer sehr groß vor. Aber es gab auch viele kleine Dinos. Manche liefen auf zwei Beinen, andere auf vier. Manche hatten Federn, andere eine dicke, schuppige Haut. Die einen konnten schnell rennen, andere waren dafür zu schwer. Es gab so viele verschiedene Arten!

Borealopelta (Panzersaurier)

Compsognathus

Diplodocus

Struthiomimus (Straußen-Nachahmer)

Richtig GROSS war der Diplodocus – ein Riese auf vier Beinen. Er war 27 Meter lang und so schwer wie 10 bis 16 Autos.

DIE HAUT der Dinosaurier war sehr unterschiedlich. Welche Farbe sie hatte, weiß man nicht, denn sie blieb fast nie erhalten.

Bei Dinosauriern sind die Beine wie beim Menschen senkrecht. Bei Krokodilen sind die Beine gebeugt und stehen seitlich vom Körper ab.

... UND DOCH EINE FAMILIE

Dinosaurier sehen zwar unterschiedlich aus,
gehören aber zu einer Familie. Warum?
Sie lebten alle an Land und legten Eier.
Ihre Haut war schuppig oder hatte Federn.
Ihre Beine standen senkrecht unter dem Körper.
Dinos liefen auf ihren Zehen und hatten Krallen.
Und ihren Schwanz hielten sie vermutlich
waagerecht.

SENKRECHT
Eine Linie verläuft von oben nach unten oder umgekehrt. Man nennt das auch vertikal.

WAAGERECHT
Eine Linie verläuft von rechts nach links oder umgekehrt. Das heißt auch horizontal.

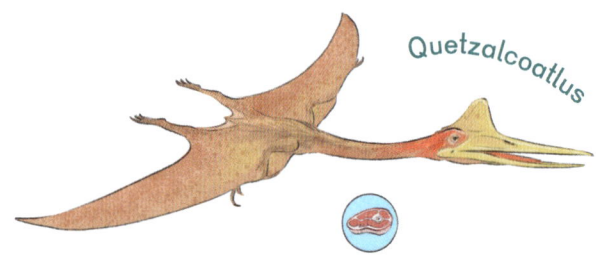

IM MEER UND IN DER LUFT

In der Luft segelten Flugsaurier. Einer der größten war Quetzalcoatlus. Auch im Meer lebten Saurier. Der Elasmosaurus hatte einen sehr langen Hals, der ihm bei der Jagd nach Fischen half. Zum Luftholen musste er auftauchen. Flug- und Meeressaurier sind keine Dinosaurier. Dinosaurier sind Landtiere.

DER QUETZALCOATLUS
Seine Flügel hatten eine Spannweite von etwa zehn Metern – etwa so groß wie ein kleines Segelflugzeug.

Als **DER ELASMOSAURUS** entdeckt wurde, dachte man erst, sein Hals wäre sein Schwanz, und setzte ihn an das falsche Ende. Er war ungefähr elf Meter lang.

Der Sinosauropteryx soll ein rotbraunes Federkleid gehabt haben. Sein Schwanz war rot-weiß gestreift wie ein Tiger.

FLAUSCHIGE DINOS

Viele Dinosaurier hatten Federn oder ein Flaumkleid. Vielleicht auch T. rex! Manche konnten sogar ein bisschen fliegen. Wozu sie Federn hatten, wissen wir nicht. Vielleicht damit ihre Partner sie schön fanden. Oder um sich vor Kälte und Hitze zu schützen. Oder um sich zu tarnen.

Microraptor

FLAUM nennt man weiche, kleine Federn. Einige junge Dinos hatten vermutlich erst ein Flaumkleid und später Federn.

FLIEGEN Wahrscheinlich konnte der Microraptor, ein sehr kleiner Dinosaurier, durch die Luft gleiten.

JÄGER ...

Die Fleischfresser unter den Dinos jagten in Herden oder allein. Große Fleischfresser wie T. rex fraßen auch andere Dinos, vor allem junge Tiere. Kleine Fleischfresser schnappten sich Insekten oder Eidechsen. Manche fraßen auch Fisch, Eier oder **Aas**. Viele hatten spitze Zähne, starke Kiefer und scharfe Krallen.

Allosaurus

Megalosaurus

Baryonyx

Unter **AAS** versteht man den toten Körper eines Tieres, der anfängt zu verwesen, also verfault. Das riecht dann sehr eklig.

Amargasaurus

Bajadasaurus

Ankylosaurus

Parasaurolophus

... UND GEJAGTE

Viele Pflanzenfresser sahen gefährlich aus. Sie hatten Knochenplatten, ein Hautsegel, Hörner und Stacheln. Damit konnten sie ihre Feinde abschrecken. Manche Dinos verteidigten sich, indem sie mit ihrem Schwanz peitschten. Viele lebten in Herden, um sich gegenseitig zu schützen. Manche Dinos konnten besondere Warnlaute von sich geben.

Der Amargasaurus trug auf Hals und Rücken lange Wirbelstacheln, die vielleicht **DAS HAUTSEGEL** stützten. Wozu es gut war, weiß man nicht.

Forscher vermuten, dass der Parasaurolophus durch den zwei Meter langen Kamm an seinem Kopf **WARNLAUTE** ausstieß.

EIER UND NESTER

Verrückt: Auch der Riesen-Dino Oskar ist mal aus einem Ei geschlüpft! Die Eier von Sauropoden waren so groß wie Straußeneier. Sie hatten eine dicke Schale. Andere Dinosaurier legten kleinere Eier mit weicher Schale. Manche Eier lagen in Nestern, andere im Schlamm. Nicht alle wurden ausgebrütet. Manche Dinos ließen ihre Eier einfach von der Sonne wärmen.

Fossile Dino-Eier

Giraffatitan mit Legeschlauch

Viele EIER zu legen, war wichtig. Denn nicht alle Jungtiere überlebten. Sie waren eine beliebte Beute für Fleischfresser.

BRÜTEN
Vögel bewachen und wärmen ihre Eier mit ihrem Körper, bis die Küken schlüpfen.

WARUM SO GROß?

Es gibt viele Ideen dazu, warum die Sauropoden so groß wurden. Der lange Hals war auf alle Fälle sehr nützlich, denn so kamen sie ganz oben an die Bäume heran. Für kleinere Tiere war das eher schwierig. Außerdem konnten sie auf diese Weise reichlich fressen, ohne sich viel zu bewegen. Wer viel frisst, wird immer größer.

Sauropode

Wie ein Kranausleger kamen **DIE SAUROPODEN** leicht an Nahrung.

Die Knochen der Sauropoden waren sehr leicht. Mit schweren Knochen wäre ein so langer **HALS** gar nicht möglich gewesen.

DER GRÖßTE

Argentinosaurus war ein echter Riese. Vielleicht war er der größte Dino, den es je gegeben hat. Allein sein Schienbein war so groß wie ein etwa elfjähriges Kind. Insgesamt war er mehr als dreimal so lang wie dein Klassenzimmer. Wenn Argentinosaurus sich bewegte, muss die Erde gebebt haben.

ARGENTINOSAURUS

NAME	= Echse aus Argentinien
WANN	in der Kreidezeit
NAHRUNG	Pflanzen
GRÖßE	40 Meter lang, 20 Meter hoch
GEWICHT	70–100 Tonnen

Viele Dinosaurier wurden nach ihrem Fundort benannt. **DER ARGENTINOSAURUS** wurde in Argentinien in Südamerika gefunden.

DAS SCHIENBEIN ist der vordere der beiden Knochen des Unterschenkels. Ohne diesen Knochen könnten wir nicht aufrecht stehen oder gehen.

FLEISCHFRESSENDE RIESEN

Spinosaurus jagte kleinere Dinosaurier, Fische und Schildkröten. Er war riesig. Er lief auf zwei Beinen und konnte schwimmen. Er hatte ein großes Rückensegel. Nur etwas kleiner war Giganotosaurus. Er lief auf zwei Beinen. Seine Zähne waren bis zu 15 Zentimeter lang.

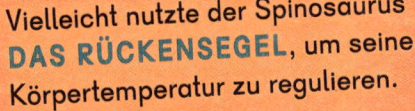

Vielleicht nutzte der Spinosaurus **DAS RÜCKENSEGEL**, um seine Körpertemperatur zu regulieren.

NAME		= König der Tyrannenechsen
WANN		in der Kreidezeit
NAHRUNG		Fleisch
GRÖSSE		13 Meter lang, 4 Meter hoch
GEWICHT		ca. 9 Tonnen

DER DINO-STAR

Tyrannosaurus rex kennt jeder. Als er noch lebte, war er aber viel seltener als heute der Tiger! T. rex konnte sehr gut hören und riechen. Aber er war ziemlich langsam. Deswegen wartete er in einem Versteck auf Beute. Die kaute er nicht. Er schluckte sie in einem Happs hinunter. Er hatte lange Beine und winzige Arme.

DER TYRANNOSAURUS REX
Ein „Tyrann" ist eine mächtige Person, die andere unterdrückt. Besonders freundlich war T. rex bestimmt nicht. Er brauchte 100 Kilogramm Fleisch am Tag.

Warum DIE ARME des T. rex so kurz waren, ist nicht geklärt. Manche gehen davon aus, dass sie gut waren, um Beute im Nahkampf aufzuschlitzen.

EINER DER ERSTEN

Eoraptor war einer der ersten Dinos auf der Welt. Der kleine Dinosaurier konnte auf seinen starken Hinterbeinen aufrecht stehen. Er war ein schneller Läufer und ein guter Jäger. Ob er Schuppen hatte oder Federn, weiß man nicht. Er wurde in Argentinien gefunden.

EORAPTOR	
NAME	= Jäger der Morgenröte
WANN	in der Trias
NAHRUNG	Fleisch und Pflanzen
GRÖSSE	1 Meter lang
GEWICHT	10 Kilogramm

EORAPTOR bedeutet „Jäger der Morgenröte". Das heißt, dass er ganz am Anfang der Dinosaurierzeit lebte.

ARGENTINIEN ist ein Land in Südamerika.

EINER DER SCHLAUSTEN

Troodon hatte ein großes Gehirn. Die Pupillen in seinen Augen waren senkrecht wie bei Katzen. Daher jagte er vielleicht nachts. Mit seinen drei Krallen pro Hand konnte er Beute gut packen. Er hatte Federn. Sein Kopf erinnert an einen Vogel. Troodon war nicht nur schlau, sondern auch flink.

TROODON

NAME	= Wunden reißender Zahn
WANN	in der Kreidezeit
NAHRUNG	Fleisch
GRÖSSE	ca. 2,5 Meter lang
GEWICHT	50 Kilogramm

TROODON hatte 120 Zähne – ein Kind hat 20. Sie waren gezackt wie bei einer Säge und gebogen.

Sein **GEHIRN** war etwa so groß wie eine Avocado. Das war für einen Dinosaurier seiner Größe sehr groß.

EUROPASAURUS

Der Europasaurus war ein Pflanzenfresser wie Oskar, aber viel kleiner.

NAME	= Echse aus Europa
WANN	im Jura
NAHRUNG	Pflanzen
GRÖSSE	6 Meter lang
GEWICHT	1 Tonne

EINER VON UNS

Vielleicht lief genau da, wo du heute wohnst, vor Millionen von Jahren ein Dinosaurier durch die Gegend: der Europasaurus. Er heißt so, weil er aus Europa stammt. Allerdings war die Landmasse damals fast ganz überflutet. Der Dino lebte auf einer Insel. Da es dort nicht so viel Nahrung gab, waren die Tiere eher klein.

EUROPA ist ein Erdteil mit 47 verschiedenen Staaten. Einer davon ist Deutschland.

ÜBERFLUTET
Europa war vor Millionen von Jahren vor allem ein flaches Meer mit einigen Inseln.

Super gelesen

AUF ZUM RÄTSELSPAß!

1. Was heißt Tyrannosaurus rex?

    Kreuze an.

   a) 🐾 KÖNIG DER THYMIANECHSEN

   b) 🐾 KÖRNIGE TYRANNENECHSE

   c) ❌ KÖNIG DER TYRANNENECHSEN

2. Was wuchs manchen Dinosauriern auf der Haut?

Ergänze die Buchstaben. So findest du das Lösungswort in den gelben Feldern.

Lösungswort

3. Die pflanzenfressenden Dinos hatten einen langen Hals. Welchen Vorteil hatte das?

a) ◯ Sie konnten damit Beute in der Ferne erkennen.

b) ◯ Sie konnten ihren Kopf vor Insekten schützen.

c) ⊗ Sie konnten fressen, ohne sich viel zu bewegen.

4. Wie heißt dieser gefährliche Jäger und wann lebte er?

Der _Spinosayris_ lebte in der _kreidezeit_.

DIE SPUREN

DER DINOS

ERSTE FUNDE

Schon vor vielen tausend Jahren gruben Menschen Dino-Knochen aus. Sie hielten sie für die Knochen von Drachen oder Riesen. Ganz lange Zeit wusste niemand etwas von Dinosauriern. Erst vor 200 Jahren begann man, ihr Leben zu erforschen. Ein berühmter Forscher war Gideon Mantell. Er entdeckte Überreste von einer ausgestorbenen Reptilienart. Er nannte sie Iguanodon.

Gideon Mantell

GIDEON MANTELL (1790–1852) war ein englischer Arzt und Forscher. 1822 fand er ungewöhnlich große Knochen und Zähne.

IGUANODON bedeutet Leguanzahn. Diesen Dino gab es oft. Deshalb nennt man ihn auch die „Kuh der Dinosaurierzeit".

Der Forscher Richard Owen gab den Dinosauriern ihren Namen. Dinosaurier bedeutet „schreckliche Echse". Für den ersten Freizeitpark in Europa stellte er lebensgroße Saurier-Modelle her. So etwas hatte es noch nie gegeben! Einmal aß Owen in dem Park mit 20 anderen Gästen in einem Iguanodon. So groß war das Modell!

RICHARD OWEN (1804–1892) war ein bedeutender englischer Naturforscher. Den Namen sprichst du „O-en" aus, das W wird nicht mitgelesen.

Der erste **FREIZEITPARK** war in der Nähe von London.

DETEKTIVARBEIT

Unser heutiges Wissen über die Dinos verdanken wir ihren Spuren: versteinerte Knochen und Zähne, Eier und sogar Kot aus Stein. Außerdem fand man auch Dino-Fußspuren, Abdrücke von Zähnen, Krallen und Haut. Diese Spuren nennt man Fossilien. Paläontologen untersuchen sie.

DAS FOSSIL
Wenn ein toter Körper über viele Millionen Jahre unter Schlamm luftdicht begraben ist, können die harten Teile wie Knochen und Zähne zu Stein werden.

PALÄONTOLOGEN graben Fossilien aus und untersuchen sie. Wie Detektive erforschen sie Lebewesen aus früheren Zeiten.

Nur selten findet man ein vollständiges Skelett. Meist hat man nur Einzelteile. Oft sind sie zerbrochen. Es ist richtige Detektivarbeit, sie wieder zusammenzusetzen. An versteinertem Dino-Kot kann man ablesen, was ein Dino fraß. Fußspuren sagen etwas darüber, wie schnell ein Dino lief und wie groß und schwer er war.

Auch Oskars Skelett besteht aus vielen EINZELTEILEN. Er wurde aus den Knochen mehrerer Giraffatitanen zusammengebaut.

2021 fand man in versteinertem DINO-KOT sogar einen 230 Millionen Jahre alten versteinerten Käfer. Ein toller Fund für Insektenforscher!

EINE KNOCHEN-SAMMLERIN

Mary Anning lebte vor 200 Jahren in England an der Küste. Ihre Familie war arm. Ihr Vater verkaufte Fossilien an Touristen. Mary half ihrem Vater bei der Suche und lernte viel von ihm. Als sie elf Jahre alt war, starb ihr Vater. Jetzt musste Mary mit ihrem Bruder Geld verdienen. Sie verkauften weiter Fossilien.

MARY ANNING (1799–1847) war eine der ersten, die Fossilien beschrieben und erforschten. Ihren Namen sprichst du „Merri Änning" aus.

TOURISTEN reisen, um andere Städte oder Länder kennenzulernen und dort Urlaub zu machen. Damals war das Sammeln von Fossilien ein beliebtes Hobby für die Urlauber.

Mit zwölf Jahren fand Mary das komplette Skelett eines Ichthyosauriers. Viele berühmte Funde folgten. Mit einfachem Werkzeug grub sie ihre Schätze sorgfältig aus. Sie konnte die Knochen sehr gut zeichnen und beschreiben. Dank ihr kam die Dino-Forschung voran. Mary lieferte Belege für das Aussterben von verschiedenen Tierarten.

ICHTHYOSAURIER sind Fischsaurier. Sie lebten im Meer. Manche sehen aus wie Delfine. Das Tier, das Mary fand, gilt als das am besten erhaltene Skelett dieser Art.

Wenn Tiere oder Pflanzenarten sich nicht mehr fortpflanzen und aufhören zu existieren, spricht man von AUSSTERBEN.

ERST IM FREIEN ...

Zum Teil arbeiten Paläontologen noch wie vor 200 Jahren. Mit Hammer, Meißel, Schaufel und Pinsel legen sie Spuren frei. Mit dem Maßband vermessen sie ihre Funde. Alles wird genau abfotografiert und abgezeichnet.
Aber heute benutzt man auch moderne Geräte: Laserscanner und Drohnen.
Die Funde werden gut verpackt in ein Labor geliefert.

Mit einem LASERSCANNER kann man einen Fußabdruck viel genauer vermessen als mit einem Maßband.

Dino-Knochen sind oft über ein großes Gebiet verstreut. DIE DROHNE kann einfach darüber fliegen und Bilder aus der Luft machen. Das erleichtert die Suche.

... DANN IM LABOR

Im Labor werden die Funde gereinigt und unter dem Mikroskop untersucht. Man vergleicht sie mit anderen Fossilien. Wie gehören die Knochen zusammen? Am Computer kann man 3-D-Modelle von Dinos machen und so herausfinden, wie sie sich bewegt haben. Mit einem 3-D-Drucker können Knochen oder sogar ganze Skelette nachgemacht werden.

Mit einem **MIKROSKOP** sieht man Dinge stark vergrößert. Moderne Elektronen-Mikroskope machen sogar winzige Hautreste an Knochen sichtbar.

Ein **3-D-MODELL** zeigt einen Dino von allen Seiten, wie „in echt". Also dreidimensional. Ein 2-D-Modell ist eine Zeichnung auf Papier.

Super gelesen

AUF ZUM RÄTSELSPASS!

1. Wie nennt man versteinerte Knochen?

   a) ◯ FARBLILIEN
   b) ◯ FORSYTHIEN
   c) ⊗ FOSSILIEN
   d) ◯ FÄKALIEN

Kreuze an.

2. Wie nennt man die Dino-Detektive?

Das Lösungswort ist auseinandergebrochen und verschüttet. Kannst du es in der richtigen Reihenfolge zusammensetzen?

L N O T E P
        E   Ä
   G   L A O
         A N

Lösung: ◯◯◯◯◯◯◯◯◯◯◯

3. Seit wann gibt es die Dino-Forschung?

a) ○ seit 400 Jahren
b) ⊗ seit 200 Jahren
c) ○ seit 100 Jahren

4. Welche 5 Werkzeuge benutzen Dino-Forscher?

Kreise ein.

- Pinsel
- Bügeleisen
- Lockenwickler
- Düsenjäger
- Drohne
- Scanner
- Schaufel
- Mikrowelle
- U-Boot
- Mikroskop

Lösungen: 1. c) Fossilien; 2. Paläontologen; 3. b) seit 200 Jahren; 4. Mikroskop, Drohne, Scanner, Schaufel, Pinsel

DIE LETZTEN

DINOSAURIER

DAS ENDE DER DINOS

Vor 66 Millionen Jahren prallte ein riesiger Asteroid aus dem Weltall auf die Erde. Viele Forscher und Forscherinnen denken, dass die Dinosaurier da ausstarben. Der Asteroid löste Erdbeben und Flutwellen aus. Es wurde plötzlich sehr kalt auf der Erde. Viele Jahre kam kein Sonnenlicht mehr durch. Tiere, die den Einschlag überlebt hatten, fanden nichts mehr zu fressen.

Ein ASTEROID ist ein großer Gesteinsbrocken aus dem All. Der Asteroid, der vielleicht zum Aussterben der Dinos führte, hatte einen Durchmesser von etwa 14 Kilometern.

Für eine **FLUTWELLE** muss die Flut schnell genug steigen, um in Form einer Welle zu erscheinen. Die schlimmste Form einer Flutwelle ist ein Tsunami.

EIN RIESENKRATER

Die Idee, dass ein Asteroid die Dinosaurier aussterben ließ, hatten im Jahr 1980 Luis Walter Alvarez und sein Sohn. Elf Jahre später fand man die Einschlagstelle. Im Golf von Mexiko gibt es einen Krater mit einem Durchmesser von 180 Kilometern. Hier könnte der Asteroid eingeschlagen sein. Er verursachte, dass fast alle Tiere und Pflanzen ausstarben.

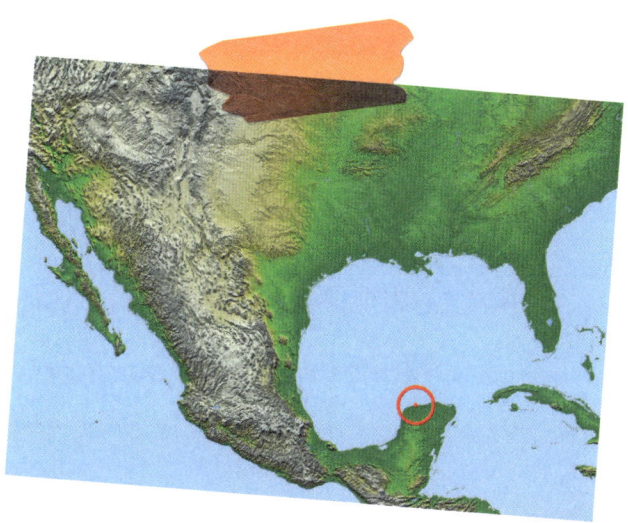

Hier liegt der Chicxulub-Krater. Das spricht man „Tschik-schulub".

Luis Walter **ALVAREZ** (1911–1988) war Physiker. Er beschäftigte sich mit den Naturgesetzen. Sein Sohn Walter Alvarez (*1940) ist Geologe. Er kennt sich gut mit dem Aufbau, der Entstehung und Entwicklung der Erde aus.

DER GOLF VON MEXIKO ist eine große Meeresbucht in Mexiko. Das ist ein Land in Nordamerika.

VULKANAUSBRÜCHE

Vielleicht war der Asteroid nicht der einzige Grund, weshalb die Dinos ausstarben. Manche Forscherinnen und Forscher denken, dass Vulkane eine Rolle spielten. Vor dem Einschlag sollen sehr viele Vulkane ausgebrochen sein. Vielleicht über mehrere Millionen Jahre.

Aus dem Inneren von einem VULKAN werden glühende Massen von Gestein und giftige Staubwolken ausgestoßen. Dann ist er aktiv. Es gibt auch erloschene Vulkane.

DOCH NICHT AUSGESTORBEN?

Eigentlich sind die Dinosaurier nicht ganz ausgestorben. Es gibt Nachfahren von ihnen: die Vögel. Sie stammen von den fleischfressenden Dinosauriern ab. Mit der Zeit verloren sie einige Gemeinsamkeiten mit den Dinos: Zähne, Fingerkrallen und den langen Schwanz. Das Massensterben vor 66 Millionen Jahren haben sie überlebt.

Neben den Vögeln überlebten DAS MASSENSTERBEN auch Krokodile, Schildkröten, Schlangen, Säugetiere, Insekten und einige Meerestiere.

Mehrere Skelette des Archaeopteryx wurden inzwischen gefunden.
Sie stammen alle aus dem fränkischen Altmühltal in Süddeutschland.

HALB DINO, HALB VOGEL

Einer der berühmtesten Ur-Vögel ist der Archaeopteryx. Sein Skelett wurde vor etwa 150 Jahren in Deutschland gefunden. Das war eine Sensation. Denn das Tier ist eine Mischung aus Dino und Vogel. Wie ein Vogel hat er Federn am Schwanz und an den Flügeln. Und wie ein Dinosaurier hat er Krallen an den Fingern, einen langen Schwanz und Zähne.

Archaeopteryx

ARCHAEOPTERYX bedeutet „uralter Flügel". An ihm kannst du gut sehen, wie sich die Vögel aus den Dinos entwickelt haben. Er hatte die Größe einer Krähe und konnte fliegen, aber vermutlich nicht sehr gut.

Eine **SENSATION** ist ein Ereignis, das viel Aufsehen erregt.

ES BLEIBT SPANNEND

Oskar und der Archaeopteryx lebten zur gleichen Zeit. Aber Oskar wurde ganz woanders gefunden: in Afrika. Vor rund 100 Jahren entdeckte man am Tendaguru-Hügel Unmengen an Knochen. Dieser Fund ist sehr, sehr berühmt. Und die Funde nehmen kein Ende. Jeden Tag wird irgendwo gegraben. Jedes Jahr gibt es neue Erkenntnisse. Es bleibt spannend!

DER TENDAGURU-HÜGEL liegt in Afrika, im heutigen Tansania. Dort wurden etwa 230 Tonnen Knochen gefunden. Auch die von Oskar.

Super gelesen

AUF ZUM RÄTSELSPAß!

1. Warum gibt es keine Dinos mehr? Was vermuten die Forscher?

Ein Asteroid prallte auf die Erde und …

a) ⚪ es wurde dort für die Dinosaurier zu heiß.
b) ⚪ erschlug alle Dinosaurier.
c) ⚪ es wurde für die Dinos zu kalt und zu dunkel.
d) ⚪ es entstanden Waldbrände, alle Dinos verbrannten.

2. Wo könnte der Asteroid eingeschlagen sein?

Die Rechtschreibfehler im Wort DINOSAURIER verraten dir die Lösung. Markiere die falschen Buchstaben.

DINOMAURIER
DENOSAURIER
DINOSAUXIER
DINISAURIER
DINOKAURIER
DINOSOURIER

Im Golf von
⚪ ⚪ ⚪ ⚪ ⚪

3. Was entstand durch den Asteroiden-Einschlag?

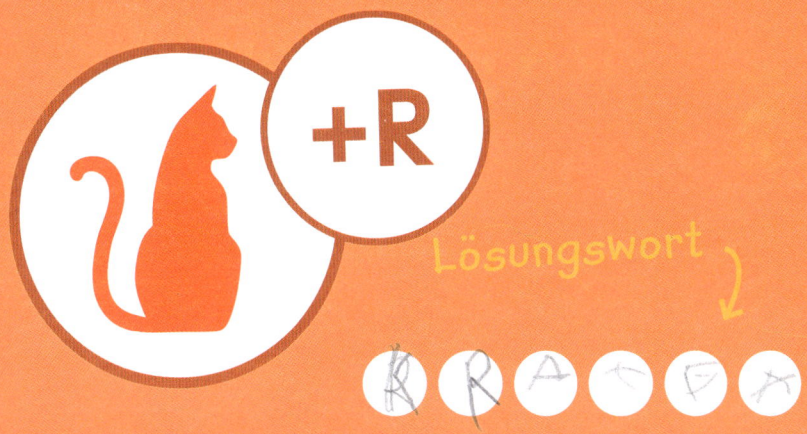

Lösungswort

K R A T E R

4. Wer sind die Nachfahren der Dinos?

Schreibe die Lösung in die Sprechblase der Dino-Forscherin.

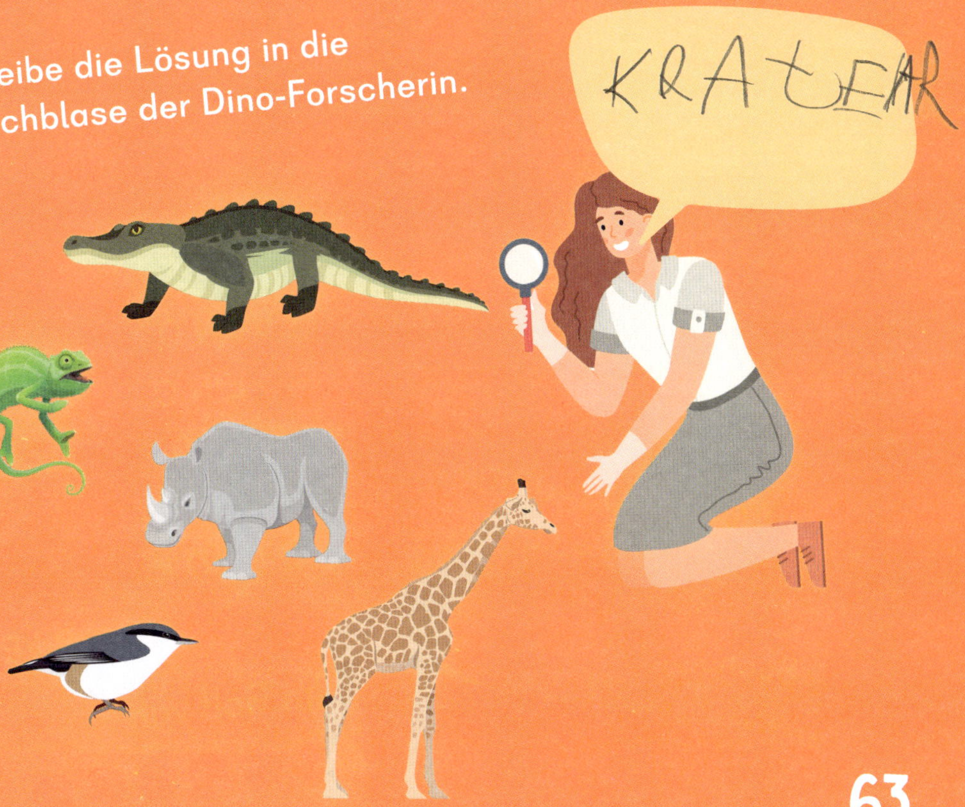

KRATER

Bildnachweis

l = links, r = rechts, M = Mitte, o = oben, u = unten

Stefan Richter: 10, 12ur, 13o, 16or, 17, 18ol, 19, 20u, 21r (Erde Trias, Jura, Kreide), 21 (Bajadasaurus, Borealopelta, Struthiomimus, Argentinosaurus, Giganotosaurus, Sinosauropteryx), 26, 28, 29o, 30, 31, 32l, 33l, 34, 35o, 36, 37M, 38l, 39r;

8r bpk / Museum für Naturkunde Berlin / Antje Dittmann; 32M INTERFOTO / ARDEA / Francois Gohier; 32r mauritius images / Susie Kearley / Alamy; 44ul mauritius images / Science Source; 45ul Science Photo Library; 45ur Science Photo Library / akg-images; 48uM akg / Science Photo Library; 48ur mauritius images / incamerastock / Alamy; 49ol mauritius images / christopher jones / Alamy; 57u akg-images / Science Source; 61u akg-images / NATURAL HISTORY MUSEUM, LONDON/SCIENCE PHOTO LIBRARY;

Shutterstock.com: VNS vesta2k; 1o Zhenyakot; 1M Matvienko Vladimir; 4o Vectorfair; 4u, 5o/ur Zhenyakot; 5ul Natali Snailcat; 6/7 Nicolas Primola; 8 (Klebestreifen) Flas100; 8ul/uM (Giraffatitan) Siberian Art; 8uM (Pflanzen) Amanita Silvicora; 9 (Streckbrief-Symbol Nahrung) Lovecta; 9 (Steckbrief-Symbole Rest) Happy Art; 9uM Dotted Yeti; 11ol Edge Creative; 11or VectorMine; 11u Liliya Butenko; 12o VectorMine; 12ul Handies Peak; 12uM Edge Creative; 13u KittyVector; 14 (Skelette) Aldona Griskeviciene; 14u Kazakova Maryia; 15 Denis---S; 18or/u Lilia_hi_art; 20o Ugis Riba; 21 (Baryonyx) Art studio G; 21 (Archaeopteryx) BlueRingMedia; 21 (Eoraptor) Miceking; 21 (Pisanosaurus, Troodon) Morphart Creation; 21 (Stegosaurus, Allosaurus) Nadya_Art; 21 (Diplodocus) Popkova; 21 (Giraffatitan) Siberian Art; 21 (Plateosaurus, Megalosaurus, Iguanodon) tinkivinki; 21 (Protoceratops) udaix; 21 (Microraptor) Warpaint; 21 (Spinosaurus, Parasaurolophus, Ankylosaurus, Triceratops, Tyrannosaurus rex) Zhenyakot; 22Mr GoodStudio, 22 (Allosaurus) Zhenyakot; 22 (Wal) Tany Gust; 22 (Frosch) Maquiladora; 22 (Schwan) AnnstasAg; 23 (Sau) akberge; 23 (Farbklecks) Neliakott; 23 (Po) Spreadthesign; 23 (Triceratops) Siberian Art; 22/23u (Zettel) Aquir; 24/25 Orla; 27ol Noiel; 27or Photoongraphy; 27u KoDi Art; 29u Warpaint; 29 (Wolken) Ihor Biliavskyi; 30/31u everything_watercolor; 33r Siberian Art; 33 (Pflanzen) BigMouse; 35uM HappyPictures, 35ur BlueRingMedia; 38ur Natali Snailcat; 39ol Studio_G; 40Ml WinWin artlab; 41or Nadya_Art; 41ul ONYXprj; 41ur Nadya_Art; 42/43 Rafael Trafaniuc; 44M WinWin artlab; 44ur Matis75; 44/45u (Gras) wong salam; 46o GOLFX; 46 (Lupe) FARBAI; 47M chromographs; 46/47u (Gras) Vladimir Zadvinskii; 46/47u rumka_vodki; 48l, 49or/u OlgaChernyak; 50o Gorodenkoff; 50u artem_mortem; 51ul Pretty Vectors; 51ur Photo Oz; 52u rumka_vodki; 53M/ul rumka_vodki; 54/55 Computer Earth; 56o Vadim Sadovski; 56ur Perfect_kebab; 58o fboudrias; 58ur Zhenyakot; 59ul VectorShow; 59ur Lili Kudrili; 60ul BlueRingMedia; 62M grmarc; 63ol Mary Erskine; 63 (Krokodil, Nashorn) Alfmaler; 63 (Chamäleon) Vector Tradition; 63 (Vogel) Skamai; 63 (Giraffe) burbura; 63 (Wissenschaftlerin) rumka_vodki; 63 (Sprechblase) ONYXprj; 64 Natali Snailcat; 64 (Brachiosaurus) Nadya_Art

Bibliografische Information der Deutschen Nationalbibliothek
Die Deutsche Nationalbibliothek verzeichnet diese Publikation in der Deutschen Nationalbibliografie; detaillierte bibliografische Daten sind im Internet über http://dnb.dnb.de abrufbar.

Das Wort **Duden** ist für den Verlag Bibliographisches Institut GmbH als Marke geschützt.

Kein Teil dieses Werkes darf ohne schriftliche Einwilligung des Verlages in irgendeiner Form (Fotokopie, Mikrofilm oder ein anderes Verfahren), auch nicht für Zwecke der Unterrichtsgestaltung, reproduziert oder unter Verwendung elektronischer Systeme verarbeitet, vervielfältigt oder verbreitet werden.

Alle Rechte vorbehalten. Nachdruck, auch auszugsweise, nicht gestattet.

© Duden 2022   D C B A
Bibliographisches Institut GmbH,
Mecklenburgische Straße 53, 14197 Berlin

Redaktionelle Leitung
Ina Koslowski
Redaktion
Steffi Korda, Büro für Kinder- und Erwachsenenliteratur, Hamburg
Lektorat
Heike Clemens
Autorin
Silke Wolfrum
Illustrationen
Stefan Richter

Layout und Satz formlabor, Hamburg
Umschlaggestaltung Kathrin Keienburg-Rees, Freiburg
Umschlagabbildungen Alberto Andrei Rosu/Shutterstock.com (Brachiosaurus und Hintergrund), DM7/Shutterstock.com (Triceratops), Creative Stall from Noun Project (Icon Lesen), Dorina Tessmann (Rückenbild)
Druck und Bindung Mohn Media Mohndruck, Gütersloh
Printed in Germany

ISBN 978-3-411-78006-8
www.duden.de

PEFC zertifiziert
Dieses Produkt stammt aus nachhaltig bewirtschafteten Wäldern und kontrollierten Quellen.
www.pefc.de
PEFC/04-31-1033

Dein Lesestart

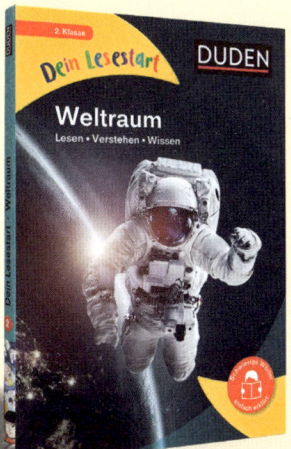

Mit Lieblingsthemen die Lesefreude und den Wortschatz von Kindern stärken

DUDEN

www.duden.de